Manuela Kippert
-
Ich bin bereit zum Knuddeln

Bibliografische Information der Deutschen Nationalbibliothek: Die Deutsche Nationalbibliothek verzeichnet diese Publikation in der Deutschen Nationalbibliografie; detaillierte bibliografische Daten sind im Internet über dnb.dnb.de abrufbar.

Herstellung und Verlag: BoD – Books on Demand, Norderstedt

ISBN 978-3-756-21800-4

Vorwort

Hunde sind nicht einfach nur Haustiere. Hunde sind Seelentröster, die besten und treuesten Freunde.

Wenn man sich für ein Leben mit Hund entschieden hat, dann beginnt eine unfassbar schöne Zeit. Ein Leben, dass viel Aufregung bringt und wo man nie wieder alleine ist. Wo jemand zu Hause auf einen wartet und wo man morgens liebevoll geweckt wird. Ein Leben mit unendlicher Liebe.

Mit diesem Buch können Sie Ihre schönsten Momente für immer festhalten.

Machen Sie mein Buch zu Ihrem Buch. Mit Ihrer Kreativität kann daraus etwas ganz Tolles und Unvergessliches entstehen. Kleben Sie Bilder ein, gestalten Sie es bunt.

Zu wissen, dass ich mit dem Buch ein Teil einer jeden Geschichte bin, erfüllt mich mit Stolz.

Vielen Dank, dass Sie sich für mein Buch entschieden haben.

Freude, Liebe, Gesundheit, Spaß und so viel mehr, dass wünsche ich mir für Sie und Ihren Hund.

Steckbrief

Name _____

Spitzname _____

Geboren am _____

Augenfarbe _____

Fellfarbe _____

Rasse

_____

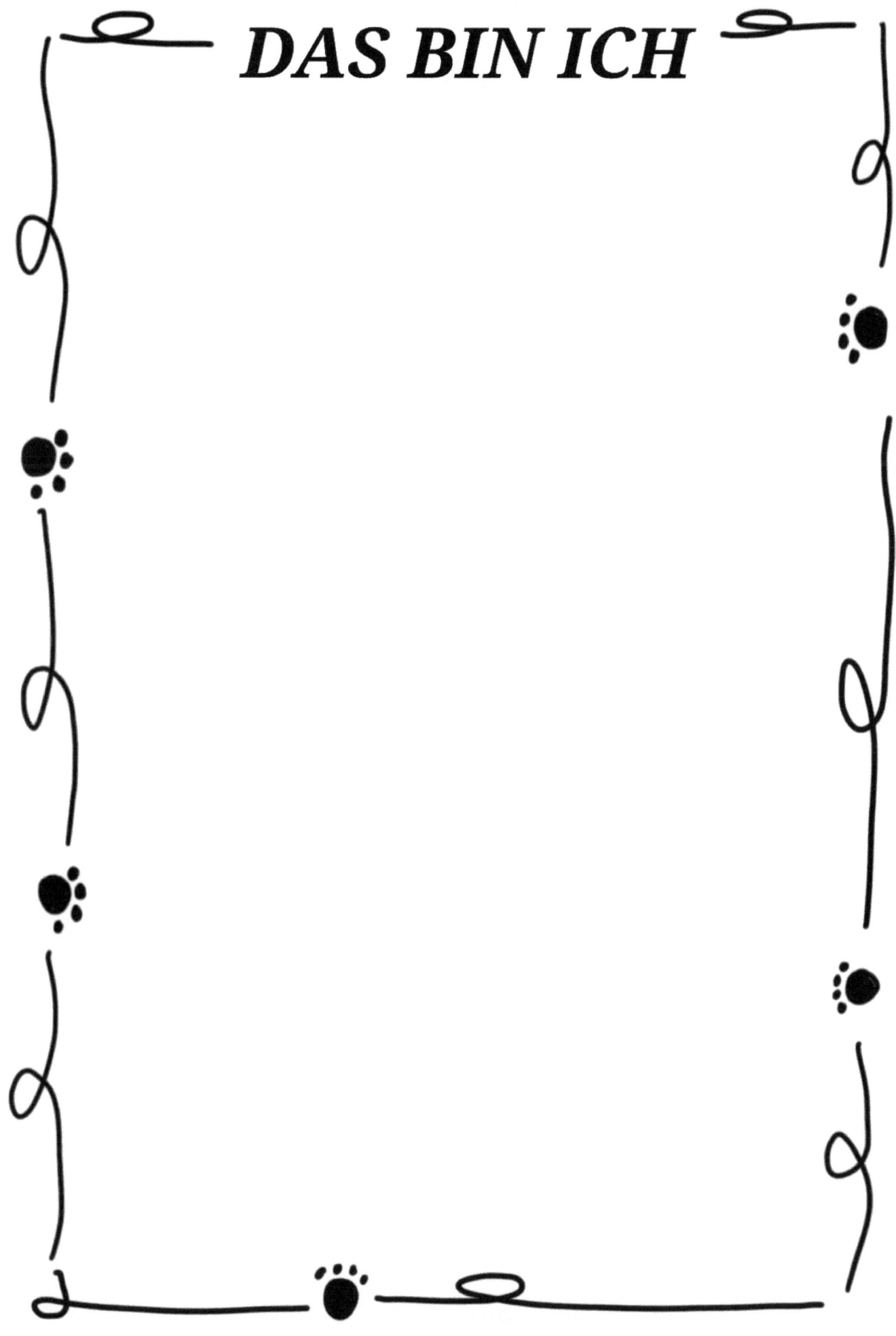

DAS BIN ICH

soooo groß
bin ich

CM

Mein
Kampfgewicht

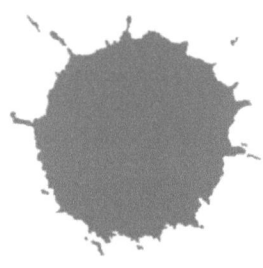

HIER HABE ICH GEWARTET.....

_____

_____

_____

TIERHEIM ♡

AUSLAND

ZÜCHTER

Vor meinem Einzug wurde schon soooooo viel für mich gekauft....

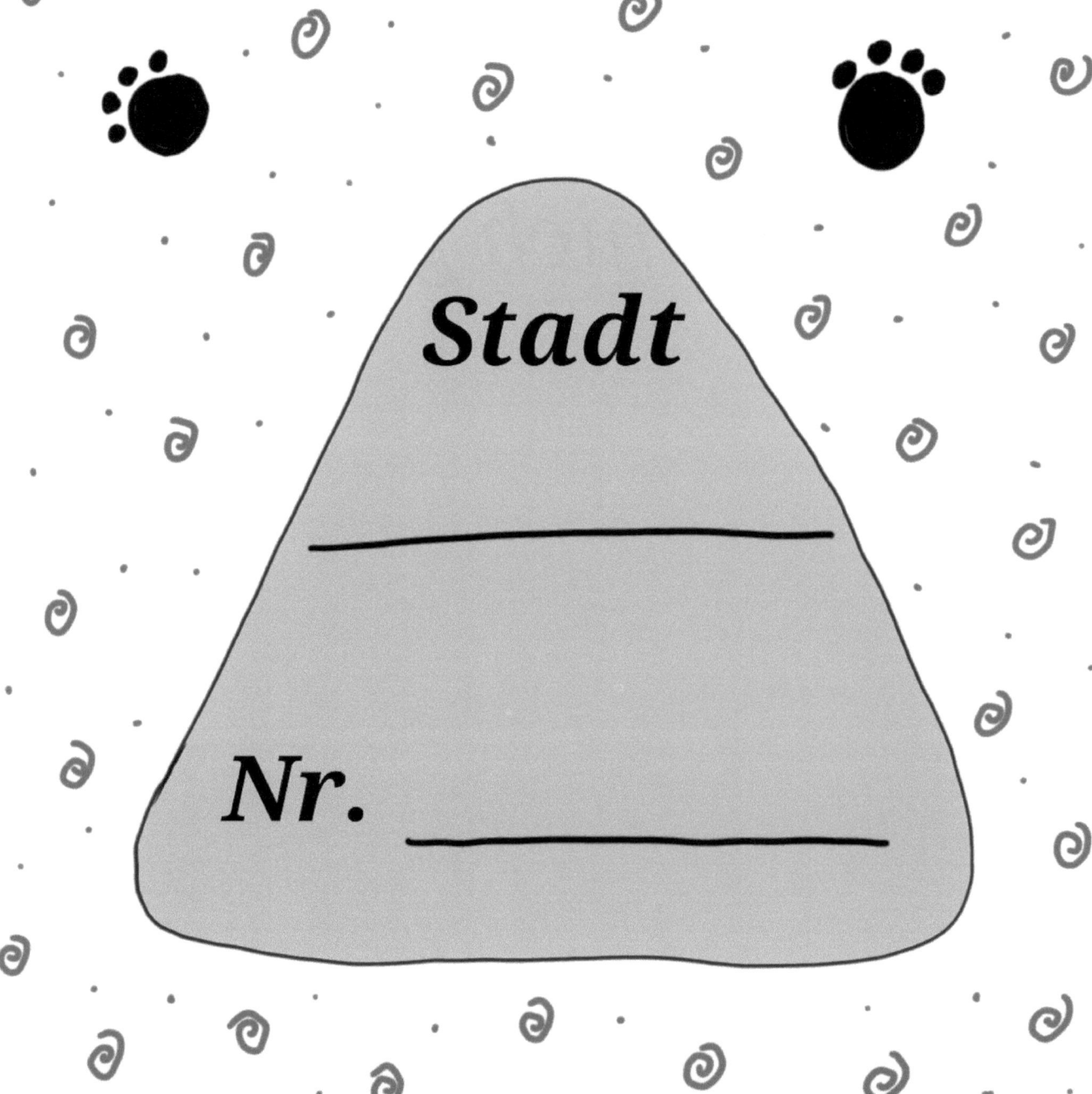

LIEBE *auf den ersten Blick...*

Wie wurde ich entdeckt?

Warum ich?

_____

_____

_____

KALENDER

_____

_____

_____

_____

← **Wann habt Ihr mich zum ersten Mal gesehen?**

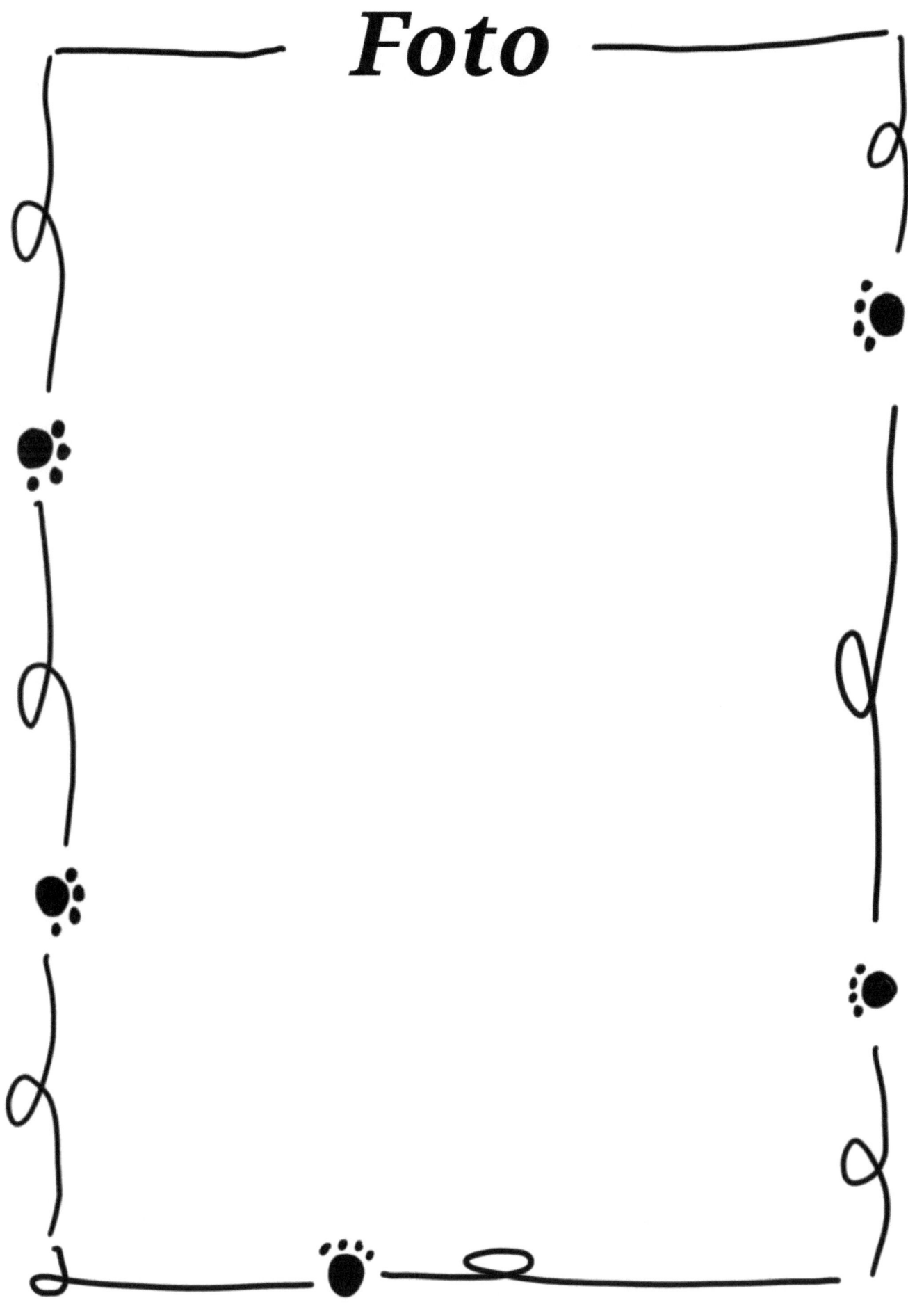

Foto

Am liebsten gehe ich Gassi mit

_____

Am liebsten spiele ich mit......

_____

... und wen ich sonst noch so kenne...

_____
_____
_____

FREUNDE FÜR'S LEBEN

Ich bin mehr als nur ein Haustier, ich bin auch.....

_____

_____

_____

Platz für einen Pfotenabdruck von mir

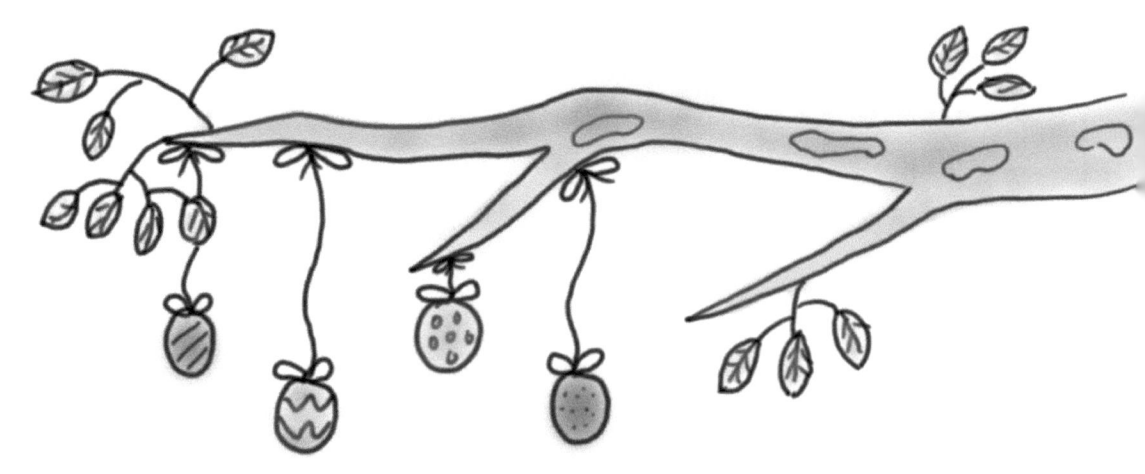

F
R
Ü
H
L
I
N
G

Sommer

HERBST

WINTER

Gäste begrüße ich

- ☐ mit Bellen
- ☐ durch Anspringen
- ☐ gar nicht
- ☒ . . . .

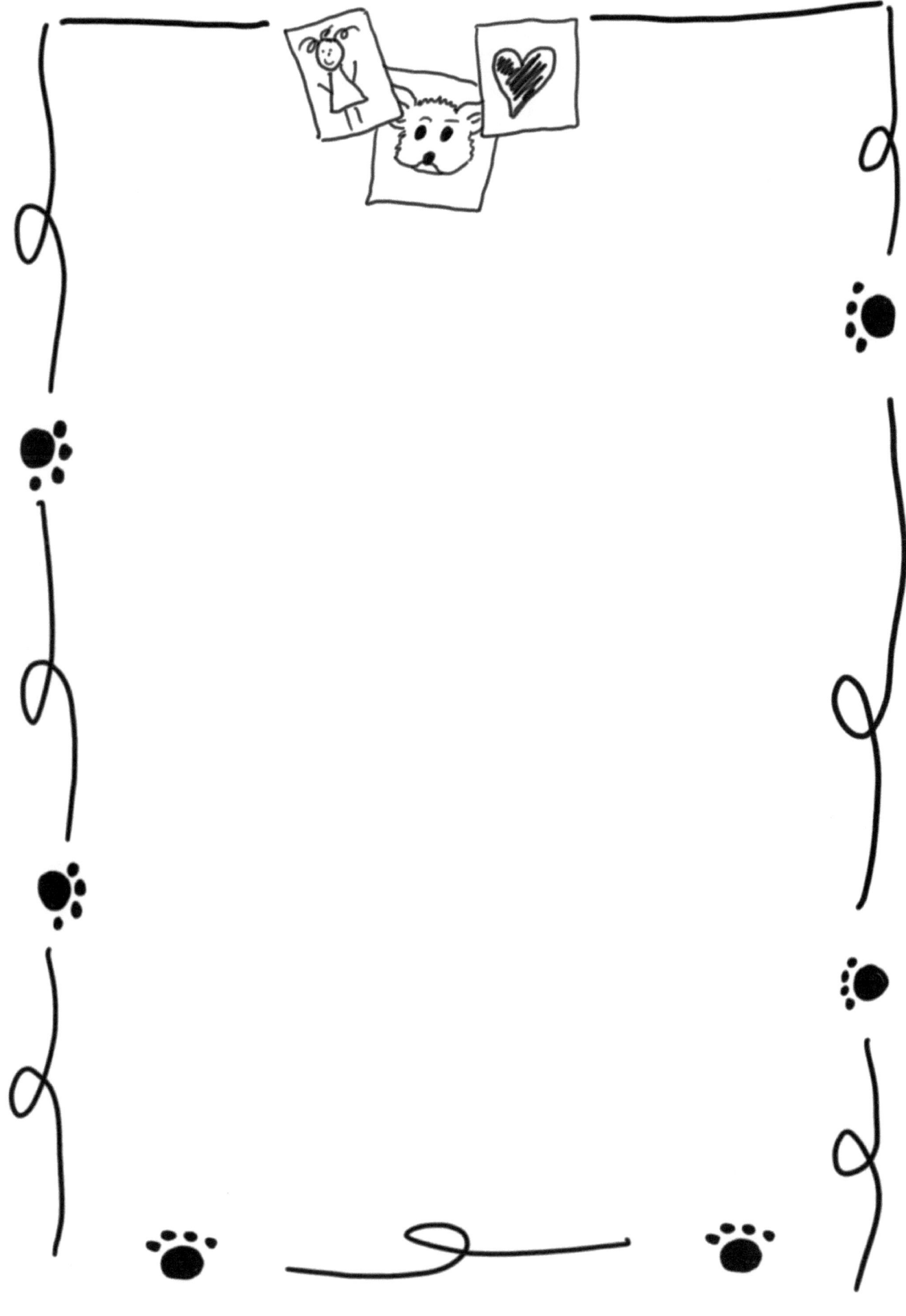

Was ich gelernt habe.....

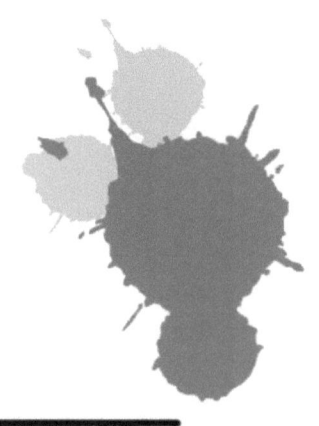

_____

_____

_____

So beschreibt mich mein/e Lehrer/in

_____

_____

_____

Name der Schule _____

Der erste gemeinsame Geburtstag

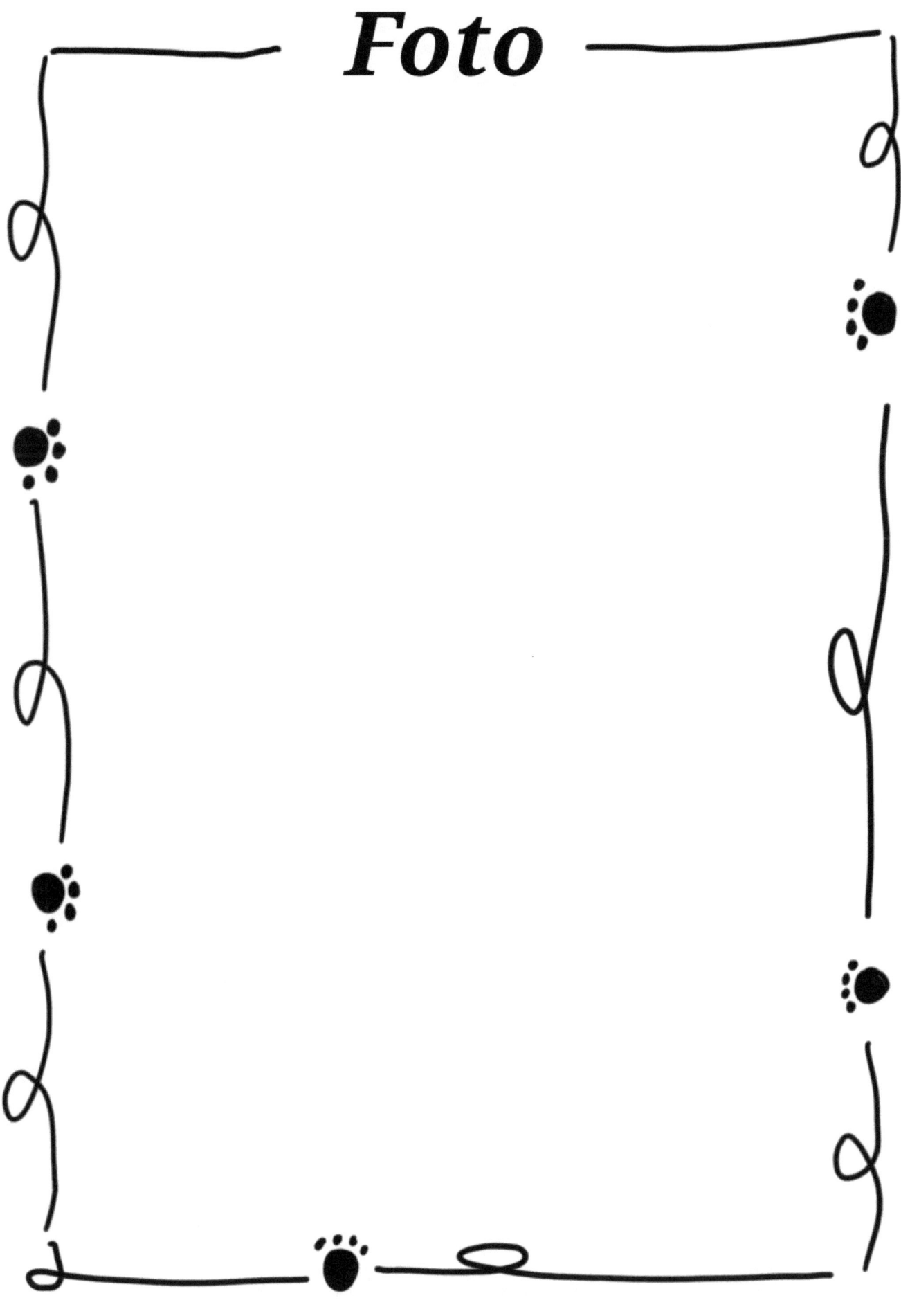

Foto

Dabei habe ich mitgemacht...

_____

Was habe ich erreicht?

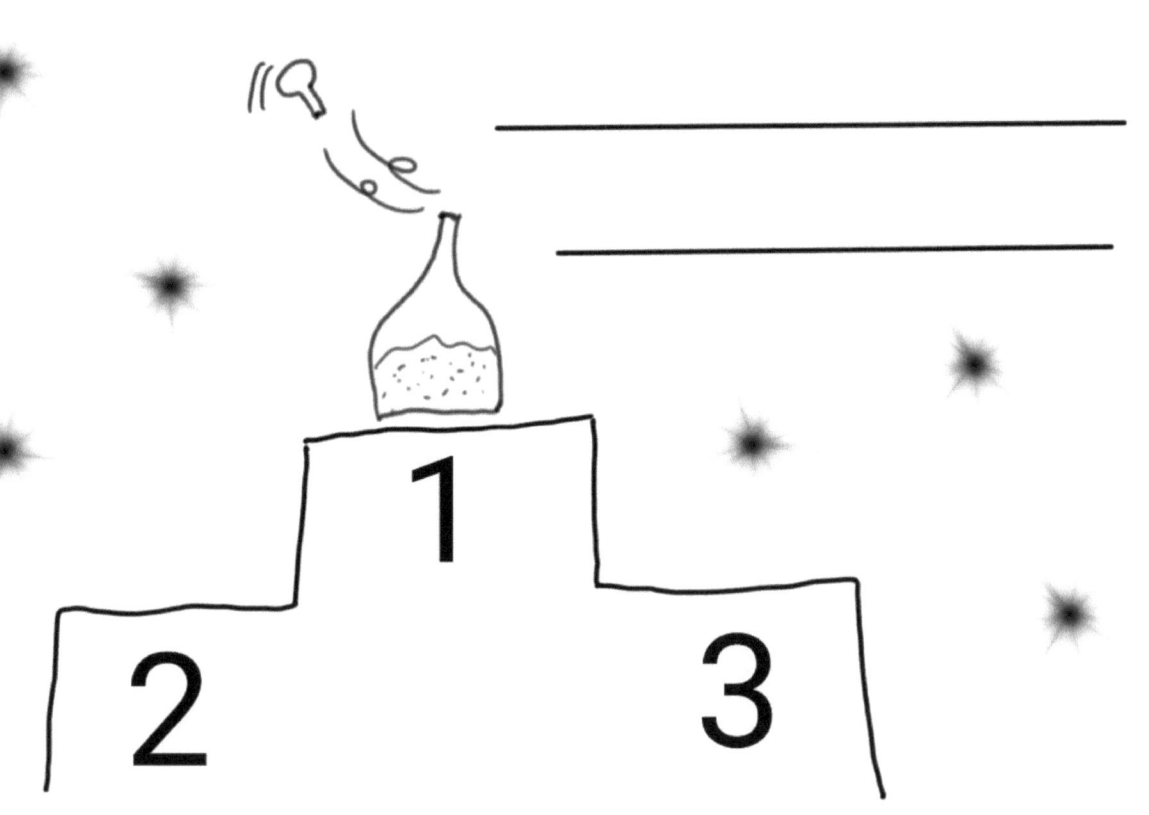

_____

_____

_____

TYPISCH FÜR MEINE RASSE IST.....

LIEBLINGSLECKERLI

AUTOFAHREN KLAPPT......

Dies & Das

MEINE LIEBSTEN SPIELZEUGE

EIN ANGSTHASE BIN ICH BEI......

Meine Schokoladenseite

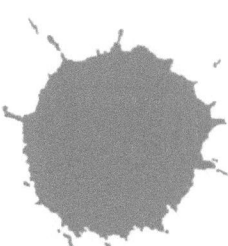

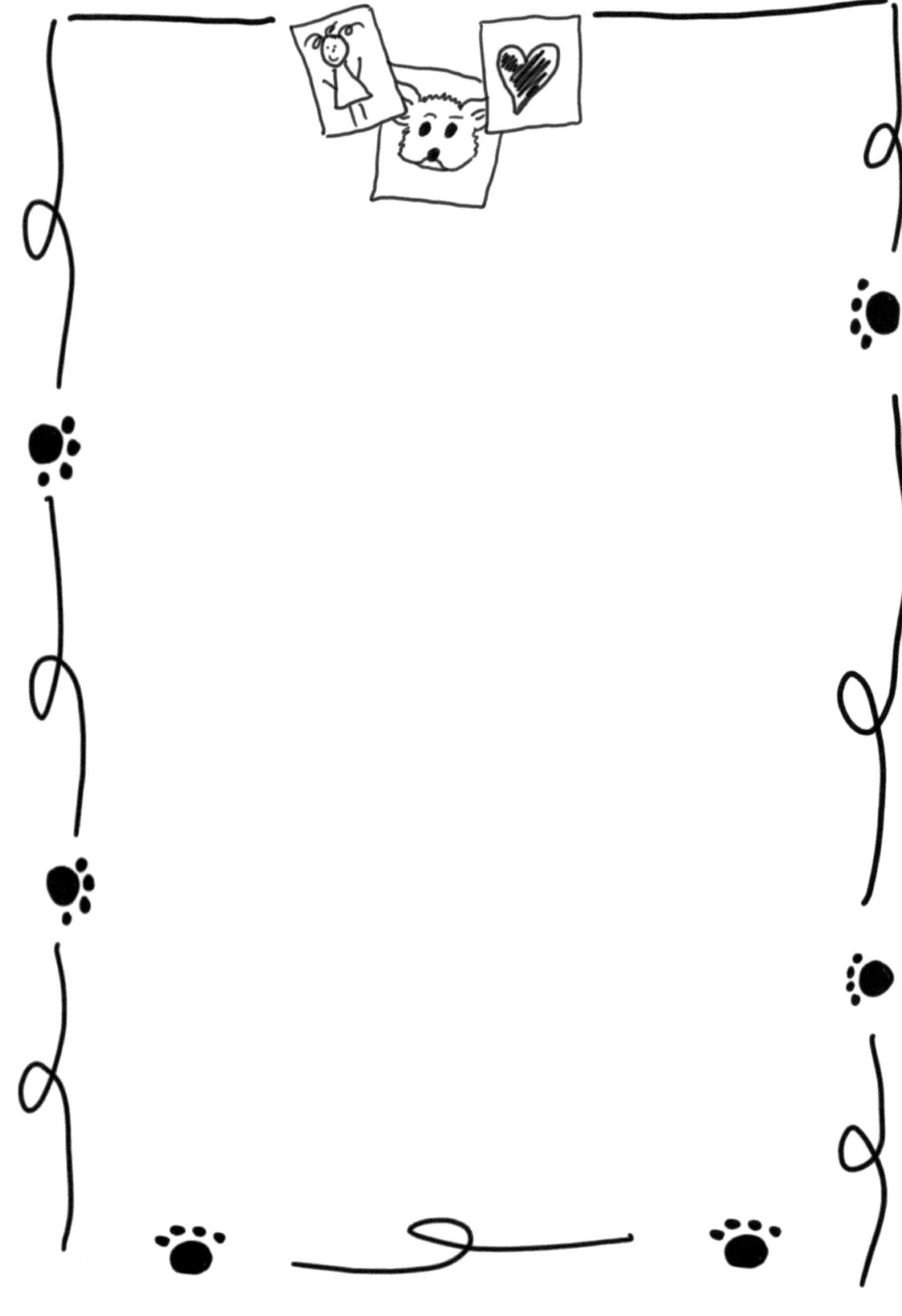

Foto

Meine Macken

_____

_____

_____

_____

Ich bin ein ganz
schönes Schusseltier

Was ich alles
schon kaputt
gemacht habe .....

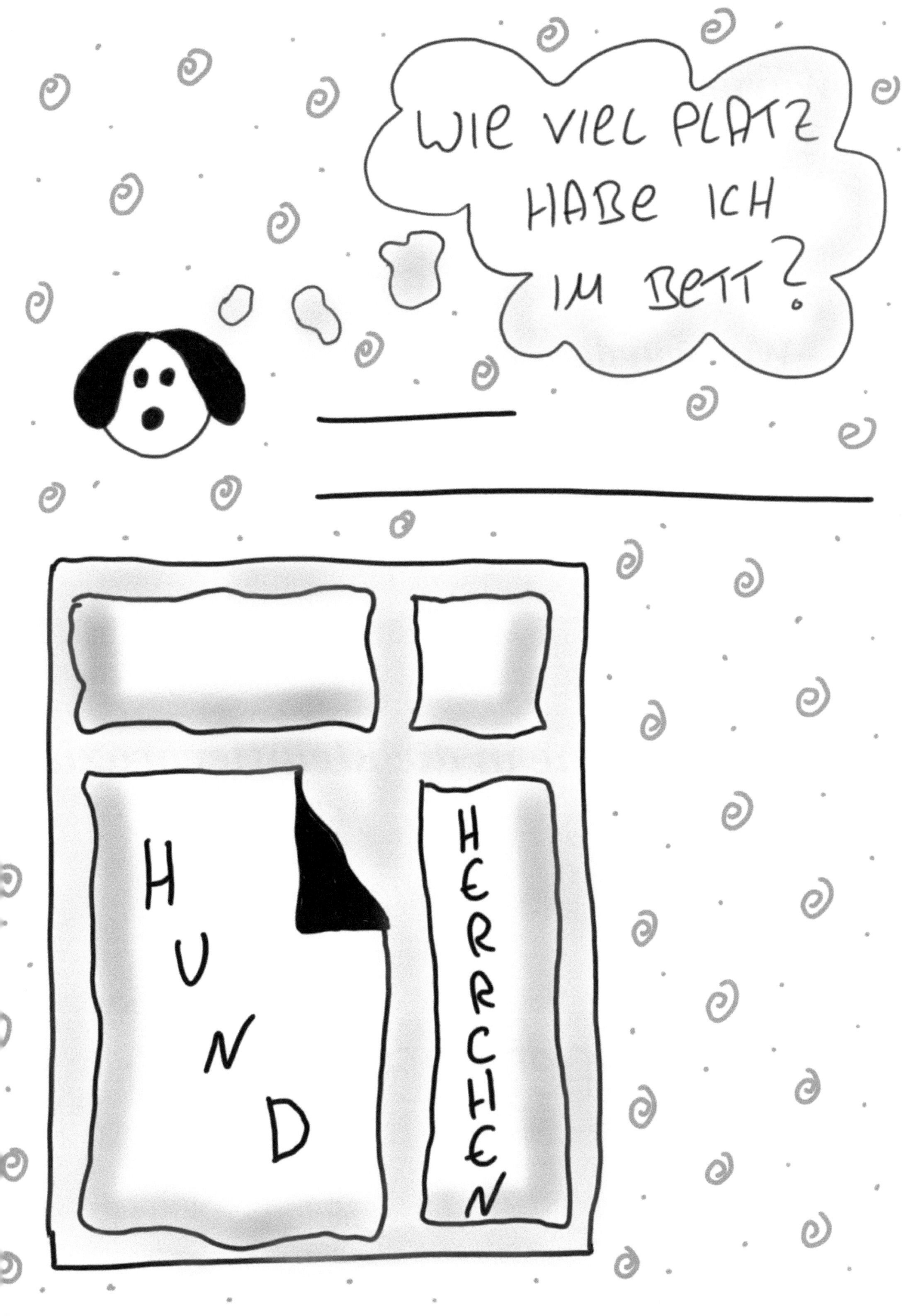
WIE VIEL PLATZ HABE ICH IM BETT?
HUND
HERRCHEN

Warum war ich da?

_____

_____

DATUM

Was wurde gemacht?

_____

_____

Ich gehe gerne in die Kleintierpraxis

☐ Ja   ☐ Nein   ☐ Manchmal

TIERARZT

Foto

Urlaub

Urlaub

Foto

Urlaub

WEIHNACHTEN

Hundekekse

1 reife Banane

1 EL Kokosöl

1 Karotte

50g Leberwurst

160g Dinkelmehl

1) alles zu einem glatten Teig kneten

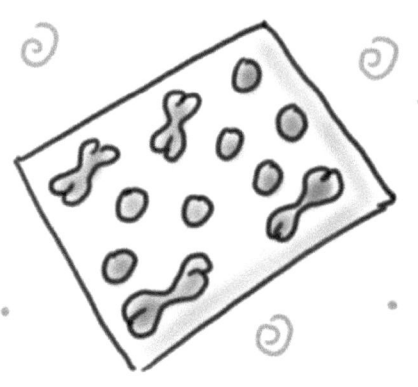

2) Rolle mit 4 cm Durchmesser formen, in Scheiben schneiden und backen.

200 Grad Ober-/ Unterhitze

Umluft 180 Grad

18 Minuten backen im vorgeheizten Backofen

Was ich noch festhalten möchte......

_____

_____

_____

_____

_____

_____

_____

_____

_____

Was ich noch festhalten möchte.....

_____

_____

_____

_____

_____

_____

_____

_____

Was ich noch festhalten möchte.....

Jeder hält sein „Qi" selbst in den Händen, also macht etwas draus.

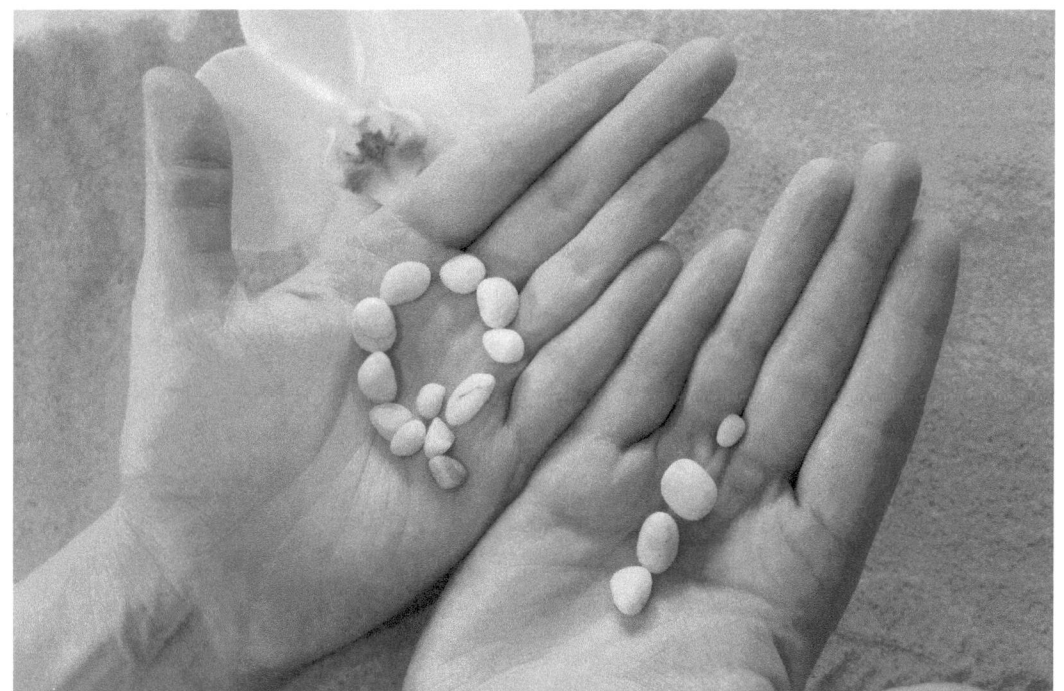

Quellen Angaben und Literatur Verweise:

Als Theorie Quellen habe ich folgende Literatur verwendet:

1. Wikipedia
2. www.gratis-malvorlagen.de
3. https://taiji-forum.de/
4. 64-schattenboxer.de
5. Abschlußarbeit Janine Isterling
6. Qi Gong Schule Bergstraße